L'espérance en chemin

Hervé Ponsot

L'espérance en chemin

Apparences et réalité

Nihil obstat
Jean-Michel Maldamé o.p.
Denys Sibre o.p.

Imprimi potest
Toulouse le 5 avril 2022
Olivier de Saint-Martin o.p.
Prieur provincial

Edition : BoD - Books on Demand
12/14 rond-point des Champs Elysées
75008 Paris
Impression BoD – Books on Demand, Norderstedt
ISBN : 978-2-3222-6968-6
Dépôt légal : Avril 2022

« Moïse quitta l'Egypte, sans redouter la colère du roi ;
car il tint ferme, comme s'il voyait celui qui est
invisible. »
(He 11,27)

« Auprès de toi est la source de vie, par ta lumière,
nous voyons la lumière » (Ps 36,9)

« Ce que l'on voit provient de ce qui n'est pas
apparent » (He 11,3)

« L'art ne reproduit pas ce qui est visible, il rend
visible » (Paul Klee)

L'espérance en question

Un détour par la photographie

La photographie est un sujet dont je ne suis absolument pas spécialiste, mais auquel je suis sensible, depuis des années, en particulier pour celle dite « en noir et blanc ».

Récemment, j'ai été conduit à visiter le site d'une revue en ligne sur la photographie : *OpenEye*. Très belle mise en page accessible gratuitement. Pourquoi avoir visité ce site ? Par simple curiosité ? Non pas. Certes, je viens d'écrire que je ne connais pas grand-chose, en particulier au plan technique, à la photographie, mais je n'en ai pas moins, lors de mes trois ans d'études sur le campus d'HEC, rejoint quelques amis pour mettre en place une exposition photo-cinéma, qui se tenait sur plusieurs jours.

Nous avions pu faire venir plusieurs gloires photographiques du moment : Henri Cartier-Bresson, son épouse Martine Franck, les membres de l'agence Viva et bien d'autres, parmi lesquels

Claude-Raymond Dityvon. C'était une commande : il lui avait été demandé de passer quelques jours sur le campus et de livrer ses impressions photographiques en noir et blanc. Ce fut une réussite, et je me souviens en particulier de deux clichés :

- Le premier représentait l'un des nombreux longs couloirs de l'espace d'enseignement (je pense qu'ils existent encore) : il était vide, éclairé par une lumière naturelle venue de quelque puits de jour. C'était délicieusement glauque et blafard, et correspondait très exactement à l'impression que pouvait avoir l'étudiant sur le campus à certaines heures.
- Le deuxième représentait un étudiant étalé de tout son long sur un terrain de rugby, où il venait de marquer un essai, manifestement en bout de course. Là encore, au risque de déplaire, je dirais que Dityvon avait saisi ce que pouvait représenter l'essence de notre formation à mes yeux, au moins à cette époque.

Ces deux clichés étaient formellement très réussis. Mais leur réussite provenait surtout pour moi du fait qu'ils mettaient au jour une réalité que les apparences couvraient pudiquement. Et le noir et blanc, par les jeux de lumière qu'il permet, favorisait cette mise au jour. Par la lumière, ces artistes voyaient une lumière que le commun des mortels ne voit pas.

Le lecteur l'aura compris, ce que je trouve passionnant dans un art comme celui de la photo, en plus de sa beauté formelle, est sa capacité à dépasser l'apparence pour me faire connaître des aspects du réel, que mes yeux aveugles n'auraient jamais vus sans elle.

De la photo à la Bible...

Le prophète, un voyant

Qu'est-ce qu'un prophète ? Ce décalque du terme grec est formé d'une particule, *pro*, et d'un verbe, *phêmi*, qui signifie parler. Tout va dépendre du sens que l'on donne à la particule. On l'entend très généralement comme signifiant « *par avance* », et le prophète est couramment considéré comme celui dont les paroles anticipent l'avenir. Rien vraiment d'étonnant tant que ces paroles sont celles de Dieu, et c'est pourquoi la question de savoir leur origine véritable est centrale dans l'Ancien Testament.

Mais la particule *pro* peut aussi s'entendre comme signifiant « au nom de », et le prophète doit être plutôt considéré comme « *porte-parole* », celui qui parle au nom de quelqu'un qui l'a envoyé : qu'il s'agisse de Dieu, du roi, ou même de forces hostiles à ces derniers.

Cette deuxième interprétation du mot prophète, pour être moins connue, n'en est pas moins essentielle : elle permet de comprendre pourquoi le prophète peut être si peu entendu lorsque Dieu qui l'envoie n'est pas reconnu.

Il reste que, dans l'Ancien Testament, le prophète n'est pas seulement celui qui parle, mais il est aussi : *le voyant*. Le texte le plus connu sur ce point est le suivant :

> « *Autrefois, en Israël, on disait, en allant consulter Dieu : « Venez et allons au voyant. »* *Car celui qu'on appelle aujourd'hui prophète s'appelait autrefois voyant* » (*1 S 9,9 ; cf. aussi 2 S 24,11 ou 1 Ch 9,22*).

Pourquoi ce nom de voyant ? Un passage du livre des Nombres est éclairant, si je peux employer ce qualificatif :

« Oracle de Balaam, fils de Béor, oracle de l'homme dont l'œil est perçant[1] ; 16 oracle de celui qui entend les paroles de Dieu, qui connaît la science du Très-Haut, qui contemple la vision du Tout puissant, qui tombe, et dont les yeux s'ouvrent. 17 Je le vois, mais non comme présent ; je le contemple, mais non de près... »

Ainsi, le prophète est-il en quelque sorte le « photographe de l'événement ». Il voit *au-delà du visible,* cet invisible que Dieu fait voir par sa lumière. Mais il faut bien entendre ce « *au-delà* » qui pourrait nous reconduire vers l'idée anticipatrice évoquée plus haut : en fait, le voyant voit « au-delà de ce qui se voit », il traverse le paraître pour rejoindre une réalité qui échappe au regard de la plupart des hommes, mais qui n'est pas distinct de ce paraître car c'est en lui qu'elle se manifeste.

Dans un monde bouleversé et violent, où les guerres se multiplient dans le présent, où l'avenir est incertain

---

[1] La plupart des traducteurs choisissent « dont l'œil est ouvert ». Crampon traduit, à l'inverse de la plupart des traducteurs, « l'œil est fermé » : sans doute parce qu'ensuite « les yeux s'ouvrent ». Je choisis de le corriger en fonction du grec des LXX qui use de l'adjectif *alêthinôs,* celui donc qui voit en vérité.

sinon opaque pour beaucoup, voir au-delà des apparences est une force. C'est aussi le fondement de cette espérance sur laquelle je reviendrai en fin de volume, après avoir présenté et commenté de nombreux textes bibliques qui la fondent.

Une lecture photographique des textes bibliques

Puisque je vais citer et commenter de nombreux textes bibliques, je voudrais rappeler le statut de ces textes pour la tradition chrétienne.

Les textes qui transmettent la révélation chrétienne, y compris ceux de l'Ancien Testament, sont des témoignages. Ils sont, selon la tradition chrétiennes, « inspirés », entendons que l'Esprit-Saint a collaboré à leur écriture, mais ils ne sont pas sacrés dans leur lettre. Les récits qu'ils nous transmettent, enracinés dans l'histoire humaine, nous renvoient au-delà d'eux et, d'une certaine manière, ils sont eux aussi une forme du paraître invitant à rejoindre une réalité qui se trouve en leur cœur, les dépasse et nourrit l'espérance.

C'est ce que montrent en particulier d'un côté la réflexion paulinienne sur l'Ecriture sainte, d'autre part le genre si connu et si mal connu de l'apocalyptique.

La lettre et l'esprit d'après saint Paul

En 2 Co 3,5-17, saint Paul évoque sa quête lorsqu'il était encore un pharisien, et le rapport qu'il avait alors à l'Ecriture sainte : déjà, cette Ecriture renvoyait au-delà de « la lettre ». Mais il confesse que la révélation chrétienne lui a ouvert des horizons nouveaux parce que l'Esprit vient « lever le voile » de sorte que cet au-delà a un nom, Jésus-Christ :

> *« 5 Ce n`est pas que nous soyons par nous-mêmes capables de concevoir quelque chose comme venant de nous-mêmes ; mais notre aptitude vient de Dieu. 6 C`est lui également qui nous a rendus capables d`être ministres d`une nouvelle alliance, non de la lettre, mais de l`esprit ; car la lettre tue, mais l`esprit vivifie.*

> *(...)*

> *12 Ayant donc une telle espérance, nous usons d`une grande liberté, 13 et nous ne faisons pas comme Moïse, qui mettait un voile sur son visage*

pour que les fils d'Israël ne vissent point la fin de ce qui était passager. 14 Mais leurs esprits se sont aveuglés. Car jusqu'à ce jour quand ils font la lecture de l'Ancien Testament, le même voile demeure sans être ôté, parce que c'est dans le Christ qu'il est levé.

15 Aujourd'hui encore, quand on lit Moïse, un voile est étendu sur leurs cœurs ; 16 mais dès que leurs cœurs se seront tournés vers le Seigneur, le voile sera ôté. 17 Or le Seigneur, c'est l'esprit, et là où est l'esprit du Seigneur, là est la liberté. »

Passer au-delà du voile posé sur l'Ecriture, mais pas seulement sur elle : sur les événements aussi. C'est le sens aussi de l'apocalyptique, que je vais évoquer rapidement.

Le sens de l'apocalyptique

Le genre apocalyptique dont le Nouveau Testament dans le livre dit « Apocalypse » offre un exemple très développé, n'est pas né avec l'auteur supposé de ce livre biblique, saint Jean. On en trouve plusieurs exemples dans l'Ancien Testament (cf. Is 24-27 et bien sûr le livre de Daniel), comme aussi dans les textes apocryphes (*Livre d'Hénoch, Apocalypse syriaque de Baruch* etc.), qui n'ont pas trouvé place dans la Bible.

Le terme même d'apocalypse est suggestif : littéralement, il s'agit d'un dévoilement, d'une révélation. Il ne s'agit en aucun cas d'un fruit de l'imagination, mais bien au contraire du décryptage d'une réalité connue pour en comprendre la véritable signification, et ce décryptage est le fait d'un « voyant », ce terme que l'on rencontre dans l'Ancien Testament pour désigner le prophète. Ainsi, l'Apocalypse de Jean est-elle définie comme « paroles prophétiques » (1,3) avant que son auteur ne déclare avoir reçu l'injonction suivante :

> « *Ce que tu vois, écris-le dans un livre pour l'envoyer aux sept Eglises : à Ephèse, Smyrne, Pergame, Thyatire, Sardes, Philadelphie et Laodicée* » *(1,11).*

L'histoire se déroule donc à deux niveaux : l'histoire apparente, celle dont chacun peut être le témoin, et peut-être la victime, et l'histoire réelle, imbriquée dans la précédente, en fait identique à la précédente mais lue sous un tout autre angle, et que révèle le voyant/prophète par la médiation divine.

« Voyons » maintenant ce qu'il en est au moyen d'un parcours biblique diversifié.

Le défi du paraître

Les conséquences du premier péché

Dans plusieurs de mes précédents ouvrages, j'ai commenté les trois premiers chapitres de la Genèse, en particulier le chapitre 3 qui évoque la tentation et la faute. Je vais reprendre une partie de cette lecture, mais surtout la développer sous un angle différent, en insistant en particulier sur l'effet plus que sur la cause du péché.

Je reviens quand même brièvement à la cause. Il s'agit de la transgression d'un interdit posé par Dieu : « vous ne mangerez pas de l'arbre qui est au milieu du jardin ». De quel arbre s'agit-il puisqu'il semble y en avoir deux, celui de la vie et celui de la connaissance du bien et du mal ? Une lecture attentive, en lien avec le chapitre 2, montre quand même qu'il doit s'agir de l'arbre de la vie, dont Dieu seul est maître. D'ailleurs, la peine évoquée face à une éventuelle transgression est la mort.

Mais qu'est-ce qui fait donc chuter Adam et Eve[1] ?
Deux choses à mon sens, qui sont justement toutes
deux en rapport avec l'apparence :

- En premier lieu, la beauté de l'arbre et
  certainement de son fruit, bon à manger : « La
  femme *vit* que le fruit de l'arbre était bon à
  manger, agréable à la vue et désirable pour
  acquérir l'intelligence » (Gn 3,6).
- En deuxième lieu, la tromperie du serpent qui
  promet ce qu'il ne peut pas tenir, à savoir être
  Dieu. Du coup, il n'offre que d'être « *comme* des
  dieux » (Gn 3,5).

Apparence trompeuse, tant sur le plan de l'être que de
la parole. Certes, pour ce qui concerne l'être, on
pourrait argumenter que les fruits se révéleront
effectivement bons pour certains d'entre eux : mais
c'est oublier qu'Eve les « voit » ainsi avant même d'y
avoir goûté.

---

[1] Il existe toute une tradition, sur laquelle je ne vais pas m'étendre,
qui met en cause la seule Eve : en vérité, elle occupe le devant de la
scène comme la plus sensible à la beauté du fruit, mais elle partage
le forfait avec son mari, qui ne le refuse pas.

On connaît les conséquences de cette transgression de l'interdit posé par Dieu : Adam et Eve se cachent de Dieu (Gn 3,8), avant d'être finalement expulsés du Paradis (Gn 3,23-24). Autrement dit, alors qu'ils vivaient face à Dieu, dans cet Eden qui offre le réel le plus réel dans la tradition biblique, alors qu'ils « voyaient » Dieu face à face, ils en sont désormais éloignés : un chérubin le leur cache, ils n'en ont plus qu'une connaissance indirecte. Mais réelle à travers le monde qu'ils connaissent désormais et que le péché a contribué à créer. Ce nouveau monde n'est pas seulement marqué par le péché, mais aussi par la mort qui ne va pas tarder à se manifester.

Un défaut de compréhension

Le meurtre d'Abel par Caïn est assurément un thème classique dans l'histoire de l'art, que ce soit en peinture ou en poésie. Je voudrais en relire le récit du point de vue qui m'occupe, apparence et réalité. Voici le récit (Gn 4,1-15) :

> « 1 *Adam connut Ève, sa femme ; elle conçut et enfanta Caïn, et elle dit « j'ai acquis un homme avec le secours du Seigneur ! » 2 Elle enfanta*

encore Abel, son frère. Abel fut pasteur de brebis, et Caïn était laboureur.

3 Au bout de quelque temps, Caïn offrit des produits de la terre en oblation au Seigneur ; 4 Abel, de son côté, offrit des premiers-nés de son troupeau et de leur graisse. 5 Le Seigneur regarda Abel et son offrande ; mais il ne regarda pas Caïn et son offrande. 6 Caïn en fut très irrité et son visage fut abattu. 7 Le Seigneur dit à Caïn : « Pourquoi es-tu irrité, et pourquoi ton visage est-il abattu ? Si tu fais bien, ne seras-tu pas agréé ? Et si tu ne fais pas bien, le péché ne se couche-t-il pas à ta porte ? Son désir se tourne vers toi ; mais toi, tu dois dominer sur lui. »

8 Caïn dit à Abel, son frère : « Allons aux champs. » Et, comme ils étaient dans les champs, Caïn s'éleva contre Abel, son frère, et le tua. 9 Et le Seigneur dit à Caïn : « Où est Abel, ton frère ? » Il répondit : « Je ne sais pas ; suis-je le gardien de mon frère ? » 10 Le Seigneur dit « Qu'as-tu fait ? La voix du sang de ton frère crie de la terre jusqu'à moi. 11 Maintenant tu es maudit de la terre qui a ouvert sa bouche pour recevoir de ta main le sang de ton frère. 12 Quand tu cultiveras la terre, elle ne donnera plus ses fruits ; tu seras errant et fugitif sur la terre. »

13 Caïn dit au Seigneur : « Ma peine est trop grande pour que je la puisse supporter. 14 Voici que tu me chasses aujourd'hui de cette terre, et je serai caché loin de ta face ; je serai errant et fugitif sur la terre, et quiconque me trouvera me tuera. » 15 Le Seigneur lui dit « Eh bien, si quelqu'un tue Caïn, Caïn sera vengé sept fois. » Et le Seigneur mit un signe sur Caïn, afin que quiconque le rencontrerait ne le tuât pas. »

Celui qui lit ce texte à la suite de la fameuse tentation d'Adam et Eve en Gn 3 ne peut manquer d'être frappé par plusieurs similitudes : Caïn discute avec Dieu comme s'il était face à lui, il est « mis en test », il choisit la mort, il commence par dénier toute responsabilité, il devient un errant loin de Dieu, lequel ne l'en protège pas moins d'un signe. Mais si dans le récit concernant Adam et Eve, la conséquence du péché est la mort spirituelle, l'éloignement de Dieu, avec Caïn, la mort en question est une mort humaine.

Mais alors, la grande question posée qui déclenche toute l'histoire est : pourquoi Dieu a-t-il *regardé* (autres traductions : considéré, agréé) l'offrande d'Abel et refusé celle de Caïn ? Marie Balmary, psychanalyste et surtout très fine analyste des textes fondateurs à partir de l'original hébraïque, relit longuement notre texte et note un point presque toujours négligé[1] et que je vais devoir résumer : Caïn offre « *les* » fruits de « *la* terre », alors qu'Abel offre « les brebis de *son* troupeau, avec *leur* graisse ». Pour elle, ce détail n'en est pas un : Abel est impliqué personnellement dans son offrande quand Caïn ne l'est pas. Et en refusant l'offrande de Caïn, Dieu l'invite paradoxalement, et la suite des versets va d'ailleurs en ce sens, à se donner dans son don, à exister par lui-même.

Par-delà cette brillante interprétation, je note que celle-ci suppose de dépasser l'apparence de l'événement, mais aussi celle du texte. L'interprétation de Marie Balmary a quelque chose d'analogue à l'art du photographe dont j'ai parlé plus haut.

On peut néanmoins la trouver trop subtile, et rechercher quelque chose de plus « classique ». Une autre interprétation trouvée en ligne, émanant d'un protestant, Marc Pelcé, me semble très intéressante, sur deux points au moins :

>   1. Caïn ne subit pas une injustice, mais une inégalité. Elle était d'ailleurs inscrite

---

[1] M. Balmary, « Genèse d'un meurtre », dans *Abel ou la traversée de l'Eden*, Paris, Grasset, 1999, p. 106-159.

dans l'histoire d'Adam et Eve puisque le sol a été maudit à la suite de la faute (Gn 3,17) et qu'il faudra dès lors beaucoup de peine à l'homme pour qu'il en tire subsistance. Le commentateur imagine par exemple que les intempéries n'ont pas été favorables à la récolte de Caïn et que... Dieu n'y peut rien : c'est pourquoi il invite Caïn à relever la tête, autrement dit à patienter dans l'attente de temps meilleurs.

2. Caïn ne « parle » pas à son frère avant de se jeter sur lui : il lui « dit », et la suite du texte reste vide dans l'original. En français, Chouraqui est l'un des rares traducteurs à avoir respecté ce silence : « Caïn dit à Ebel son frère... ». Il n'y donc pas de dialogue qui aurait pu éviter la confrontation.

Ce que finalement laisse entendre le récit, c'est que Caïn s'est laissé prendre par l'apparence, celle d'un refus de Dieu, et qu'il n'a pas cherché à aller plus loin, par exemple dans un vrai dialogue avec Dieu, ou avec le seul interlocuteur possible à l'époque, son frère Abel. Il s'est enfermé dans son défaut de compréhension, jusqu'à provoquer la mort.

Quand on relie ce texte à celui de la faute d'Adam et Eve, on peut considérer que l'histoire de Caïn et Abel est une sorte de *bis repetita* ! Ni les uns ni les autres n'ont su dépasser le paraître, « voir » la réalité. Car c'est Dieu qui la révèle, au cœur de ce paraître.

Je vais maintenant continuer de parcourir l'Ancien Testament, avec deux textes qui se suivent, la relation de l'élection de David par la médiation du prophète Samuel en 1 S 16, et celle du combat bien connu entre David et Goliath en 1 S 17. Ces deux récits témoignent que la faiblesse apparente est en réalité une vraie force lorsqu'elle est confiée à Dieu. Je prolongerai ensuite avec un bref commentaire sur le livre de Job.

La faiblesse apparente

Prenons les textes dans l'ordre de leur apparition, et commençons donc avec l'élection de David en 1 S 16.

1 S 16,3-13

> « 3 « *Le Seigneur dit à Samuel : « Tu inviteras Jessé au sacrifice, et je te ferai connaître ce que tu auras à faire, et tu oindras pour moi celui que je te désignerai.* » 4 Samuel fit ce que le Seigneur

avait dit, et il se rendit à Bethléem. Les anciens de la ville vinrent inquiets au-devant de lui et dirent : « Ton arrivée est-elle pour la paix ? » 5 Il répondit : « Pour la paix ! Je viens pour offrir un sacrifice au Seigneur. Sanctifiez-vous et venez avec moi au sacrifice. » Et il sanctifia Jessé et ses fils et les invita au sacrifice.

6 Lorsqu'ils furent entrés, Samuel aperçut Eliab et dit : « Certainement l'oint du Seigneur est devant lui. » 7 Et le Seigneur dit à Samuel : « Ne prends pas garde à sa figure et à la hauteur de sa taille, car je l'ai écarté. Il ne s'agit pas de ce que l'homme voit ; l'homme regarde le visage, mais le Seigneur regarde le cœur. » 8 Jessé appela Abinadab et le fit passer devant Samuel ; et Samuel dit : « Ce n'est pas encore celui-ci que le Seigneur a choisi. » 9 Jessé fit passer Samma ; et Samuel dit : « Ce n'est pas encore celui-ci que le Seigneur a choisi. » 10 Jessé fit passer ses sept fils devant Samuel ; et Samuel dit à Jessé : « le Seigneur n'a choisi aucun de ceux-ci. »

11 Alors Samuel dit à Jessé : « Sont-ce là tous les jeunes gens ? » Il répondit : « Il y a encore le plus jeune, et voilà qu'il fait paître les brebis. » Samuel dit à Jessé : « Envoie-le chercher, car nous ne nous mettrons point à table qu'il ne soit venu ici. » 12 Jessé l'envoya chercher. Or il était

blond, avec de beaux yeux et une belle figure. Le
Seigneur dit : « Lève-toi, oins-le, car c'est lui ! »
13 Samuel, ayant pris la corne d'huile, l'oignit
au milieu de ses frères, et l'Esprit du Seigneur
fondit sur David à partir de ce jour et dans la
suite. »

Les commentateurs chrétiens sont souvent enclins à
lire ce texte en soulignant la symbolique des nombres :
Jessé n'a apparemment que sept fils, le chiffre de la
perfection, et voici qu'on en trouve un huitième qui
dépasse tous les autres, huit étant devenu, pour les
premiers écrivains chrétiens, le chiffre de la
résurrection.

Mais dans l'optique de mon étude, ce qui me frappe
plutôt est le fait que l'élu est celui que nul ne voit
dans un premier temps, pas même Samuel qui s'en
tient à l'apparence. Il faut que Dieu intervienne pour
que surgisse celui que nul n'attendait, quand bien
même il était là, mais à l'écart, et « avait de beaux
yeux et une belle figure ». La phrase-clé est le
verset 7 :

> *« Ne prends pas garde à sa figure et à la hauteur*
> *de sa taille, car je l'ai écarté. Il ne s'agit pas de*
> *ce que l'homme voit ; l'homme regarde le visage,*
> *mais le Seigneur regarde le cœur ».*

J'en viens au fameux épisode de David face à Goliath qui illustre cette même affirmation.

<u>1 S 17,40-51</u>

« 40 *David prit en main son bâton, choisit dans le torrent cinq cailloux polis et les mit dans son sac de berger, dans sa gibecière. Puis, sa fronde à la main, il s`avança vers le Philistin.*

41 Le Philistin s`approcha peu à peu de David, précédé de l`homme qui portait le bouclier. 42 Le Philistin regarda, vit David et le méprisa, car il était très jeune, blond et beau de visage.

43 Le Philistin dit à David : " Suis-je un chien, que tu viennes à moi avec un bâton ? " Et le Philistin maudit David par ses dieux. 44 Et le Philistin dit à David : " Viens à moi, que je donne ta chair aux oiseaux du ciel et aux bêtes des champs ». 45 David répondit au Philistin : " Tu viens à moi avec l`épée, la lance et le javelot ; et moi je viens à toi au nom du Seigneur des armées, du Dieu des bataillons d`Israël, que tu as insulté. 46 Aujourd`hui le Seigneur te livrera entre mes mains, je te frapperai et j`enlèverai ta tête de dessus toi ; aujourd`hui je donnerai les cadavres de l`armée des Philistins aux oiseaux du ciel et aux animaux de la terre ;

et toute la terre saura qu`Israël a un Dieu ; 47 et toute cette multitude saura que ce n`est ni par l`épée ou par la lance que le Seigneur sauve, car au Seigneur appartient la guerre, et il vous a livrés entre nos mains. "

48 Le Philistin, s`étant levé, se mit en marche et s`avança au-devant de David, et David se hâta de courir, vers le front de la troupe, à la rencontre du Philistin. 49 David mit la main dans sa gibecière, en retira une pierre et la lança avec sa fronde ; il frappa le Philistin au front, et la pierre s`enfonça dans son front, et il tomba le visage contre terre.

50 Ainsi David, avec une fronde et une pierre, fut plus fort que le Philistin, il frappa à mort le Philistin. Et il n`y avait pas d`épée dans la main de David. 51 David courut, s`arrêta près du Philistin et, s`étant saisi de son épée qu`il tira du fourreau, il le tua et lui coupa la tête avec elle. »

David est donc aux champs, en train de paître les brebis de son père : sa présence sur le champ de bataille est le fruit d'un ordre de ce père, aller ravitailler ses trois frères engagés sur le terrain. C'est un enfant, et, bien évidemment, ce n'est donc pas à lui qu'on pense pour affronter l'homme de guerre Goliath qui chaque jour vient défier les Israélites. Les apparences ne plaident pas en faveur de David.

Ce qui va motiver David n'est pas une qualité de guerrier qu'il ne possède pas, mais l'insulte faite « aux troupes du Dieu vivant », et, finalement à Dieu lui-même. Lequel « le délivrera de la main de ce Philistin » (v. 37 et 46). Si l'apparence est celle d'un combat entre David et Goliath, la réalité est celle d'un combat entre Dieu, « Seigneur des armées » (v. 45), et les idoles païennes de l'incirconcis qu'est Goliath.

Avant de poursuivre la présentation de cette thématique du paraître et de l'être dans le Nouveau Testament, je vais maintenant m'arrêter sur deux textes essentiels, qui préparent à leur manière la révélation à venir.

Deux exemples majeurs

Job ou le juste dévasté

Le livre de Job, qui appartient à la « littérature de sagesse », est une composition complexe, qu'il est difficile de situer précisément : pour le présentateur du texte dans la *Bible de Jérusalem*, elle pourrait dater du 5ᵉ siècle avant notre ère. A vrai dire, cela importe peu pour mon sujet.

« Pauvre comme Job », dit une expression française. S'il s'agit d'évoquer une pauvreté pécuniaire, alors il faut dire que Job n'était pas originellement pauvre, bien au contraire à en juger par la description qui nous est donnée de lui en Jb 1,1-3 ; en outre il ne le restera pas à l'issue de ses entretiens puisqu'il sera restauré[1] dans tous ses biens, au-delà même de sa richesse initiale (Jb 42,10).

---

[1] En fait, plus que d'une restauration impossible puisque, pour prendre un exemple, les enfants présents au départ sont morts, il

Au moment de la rédaction du livre de Job,
certainement en tout cas avant, la richesse matérielle
était le signe apparent de la justice et de la
bénédiction divine, et inversement bien sûr, la
pauvreté le signe du péché et de la malédiction. Ce qui
ne cessait pas de poser problème tant il était visible
que bien des justes connaissaient dans leur vie
terrestre un sort peu enviable. Au temps de Job, mais
bien au-delà en fait et jusqu'à notre époque dans
beaucoup d'esprits, on a souvent répliqué que ce sort
terrestre laisserait un jour la place à la plus grande
des béatitudes au ciel. Ce qui n'est pas toujours une
grande consolation pour ceux qui se battent sur notre
terre pour vivre ou survivre.

Confronté à la question, le livre de Job répond tout
autrement. Souvenons-nous qu'il s'agit pour le Satan
de tester Job : est-il bien intègre et droit ? En d'autres
termes, même si le mot n'est pas présent, est-il
vraiment un juste ? A nouveau, la question du
paraître et de l'être... Et l'on va voir que cette

---

faudrait parler d'une « amplification » grandiose, attestée par les
chiffres évoqués. Ce qui prépare, dans une certaine mesure, la
perspective d'un état « bienheureux » au-delà de l'épreuve, et de la
mort, sans commune mesure avec l'état antérieur.

question touche aussi Dieu lui-même, et non plus seulement les hommes et les événements !

Pour le Satan, la réponse est simple : Job n'est juste que dans la mesure où Dieu l'a jusqu'ici favorisé. Or, ce que va démontrer le récit, c'est que Job est « juste », au-delà des bienfaits reçus : son intégrité n'est pas contestable, et n'est d'ailleurs pas contestée par Dieu. Et elle se manifeste dans l'épreuve. En fait, c'est l'image que les hommes se font de Dieu qui doit être mise en question. Pas seulement celle des prétendus « amis » de Job mais aussi, dans une certaine mesure, celle de Job lui-même : celui-ci continue de vivre et de penser selon une représentation de Dieu qui rétribue, qui *doit* rétribuer le juste à la mesure de sa justice.

La réponse finale de Job le montre à l'évidence :

> *3 « Qui est celui qui dénigre la providence sans y rien connaître ? » Eh oui ! j'ai abordé, sans le savoir, des mystères qui me confondent. 4 « Écoute-moi », disais-je, à moi la parole, je vais t'interroger et tu m'instruiras. » 5 Je ne te connaissais que par ouï-dire, maintenant, mes yeux t'ont vu »* (42,3-5)

Ainsi Job avoue-t-il son ignorance de la réalité divine, l'importance d'en avoir une autre vision : la réalité, celle que Dieu seul peut donner, et non pas l'apparence. Est-il besoin de souligner combien cette question sera importante pour accueillir, sinon comprendre, le mystère de la Passion de Jésus ?

Mais puisqu'il est question du livre de Job, comment ici ne pas évoquer le livre marquant de Marion Muller-Colard, *l'Autre Dieu*[1], qui en est un commentaire très original ? Le titre lui-même, avec la majuscule mise sur l'adjectif Autre, dit bien qu'il s'agit de reconnaître un Dieu Autre, qui n'est pas un autre Dieu : « *Je sonde, chaque jour un peu plus, à quel point je n'ai pas la connaissance de ce Dieu en qui je crois* » (*op. cit.* p. 44). Voilà une expérience, j'en suis le confident ou le témoin, partagée par nombre de parents confrontés à certaines maladies ou certains handicaps graves de leurs enfants.

Considérons maintenant quelques passages du livre d'Isaïe qui, plus encore peut-être que le livre de Job, invitent à une autre lecture de l'action divine et préparent la « logique » de la Passion de Jésus : ce sont « *les chants du Serviteur* ».

---

[1] Labor et Fides, 2014.

Les chants du Serviteur

Le livre du prophète Isaïe est aujourd'hui unanimement reconnu comme composé d'au moins deux ensembles, rédigés à deux époques très différentes : les chapitres 1-39 rassemblent les oracles les plus anciens, datant peut-être du 8e siècle avant notre ère, et les chapitres 40-66, beaucoup plus récents, exiliques ou post-exiliques, à situer donc au milieu ou à la fin du 6e siècle.

Dans ce deuxième recueil, quatre passages ont attiré l'attention des commentateurs : 42,1-9 ; 49,1-7 ; 50,4-11 et 52,13 – 53,12. Bien que dispersés dans le recueil, ils semblent se suivre et se compléter en présentant l'étrange figure d'un Serviteur souffrant. La littérature consacrée à ces chants est immense et il n'est pas question ici de les discuter sur les plans génétiques ou littéraires : la question reste celle de l'apparence et de la réalité, du paraître et de l'être. Et, dans la suite du livre de Job, du regard que le lecteur est invité à porter sur Dieu.

Le premier chant présente le Serviteur comme un juge d'une espèce sans doute particulière pour l'époque : c'est un homme humble qui fait droit au pauvre, au prisonnier, à ceux qui sont dans les ténèbres. Rien n'est encore dit des malheurs qui l'accableraient lui.

Le deuxième chant précise la mission du Serviteur, « *lumière des nations pour que le salut de Dieu parvienne aux extrémités de la terre* » (v. 6), mais il reste très sobre sur les modalités touchant le Serviteur lui-même qui se dit simplement fatigué et sans énergie.

Avec le troisième chant, tout change : il est frappé, on lui crache dessus, on lui arrache la barbe (v. 6). Et nous entrons maintenant dans la question de l'apparence : elle est manifestement au désavantage du Serviteur, qui n'en proclame pas moins sa justice, à la manière de Job, et l'assistance divine. Une réalité que des yeux humains sont incapables de voir.

Le quatrième chant, le plus long, développe à l'envi ce contraste entre apparence et réalité. Le terme même d'apparence, ou aspect, s'y rencontre en 52,14 ou 53,2. Mais la réalité est clairement plus riche que ce qu'évoquait le troisième chant. Pour cette raison que la souffrance du Serviteur, sur laquelle s'exprime longuement le chant, a une valeur rédemptrice : il porte le péché des hommes, il intercède en faveur des pécheurs (v. 12), de sorte qu'il verra une postérité et prolongera ses jours (v. 10).

Pourquoi donc un tel contraste ? Pourquoi ce verset si difficile à entendre dans la bouche d'un Dieu de miséricorde : « *Il a plu au Seigneur de le briser par la souffrance* » (v. 10) ? Le texte évoque certes les fruits positifs de l'acceptation par le Serviteur du sort qui lui est fait, mais il ne nous éclaire pas vraiment sur la nécessité d'un tel sort.

Il semble bien que la souffrance, en créant une sorte d'appel d'air, et bien sûr des interrogations nombreuses et angoissantes, soit propice au surgissement d'une autre manière de « voir ».

Le Nouveau Testament va-t-il pouvoir nous en dire plus ?

Lumière au-delà de toute lumière

Le lecteur du Nouveau Testament est appelé sans
cesse à creuser au cœur du paraître, et cela grâce à la
lumière divine. Je vais en donner huit exemples, pris
arbitrairement parmi beaucoup d'autres possibles, et
ajouter une interprétation tirée du chapitre 11 de la
lettre aux Hébreux :

1. La naissance de Jésus dans une crèche
2. Les noces de Cana
3. L'identité de Jésus
4. L'obole de la veuve et la rencontre avec la
   Samaritaine
5. L'institution de l'eucharistie
6. Le cas particulier de Judas
7. La mort de Jésus sur la croix, sur laquelle je
   vais particulièrement m'arrêter
8. Le mystère du tombeau vide

La naissance de Jésus dans une crèche

Qui est-il celui qui vient de naître, et à la rencontre duquel se succèdent des bergers selon saint Luc, des Mages, autrement dit des astronomes, suivant saint Matthieu ? Pour les premiers, il s'agirait d'un Sauveur et du Messie attendu (Lc 2,11) ; pour les seconds, rien de moins non plus que « le roi des Juifs » (Mt 2,2), en qui Hérode voit donc un concurrent. Et que trouvent-ils les uns et les autres à leur arrivée sur place ? Pour les premiers un nouveau-né, dont on peine à croire autour d'eux qu'il soit le Sauveur annoncé (Lc 2,16-18) ; pour les seconds un enfant dans un banal logis (*oikía* en grec).

Dans ces récits de l'enfance, que seuls Matthieu et Luc nous proposent, et qu'il faut lire autant pour l'instruction qu'ils donnent que pour des éléments historiques qui seront toujours l'objet de multiples débats, l'accent est mis d'emblée sur l'apparente faiblesse de celui en qui tous sont pourtant appelés à reconnaître le fils du Très-Haut : ses parents n'ont pas de brillante généalogie à présenter, l'enfant ne naît pas dans un palais royal, il n'y avait même pas de place pour lui dans l'auberge qui les accueillait (Lc 2,7).

Ni les bergers, ni les Mages n'en semblent troublés : les premiers sont venus à l'invitation d'un ange, rejoint par plusieurs autres, les seconds guidés par une étoile dont on peut seulement supposer qu'elle avait un éclat particulier. Ces signes leur ont suffi : ils n'ont pas seulement stimulé leur curiosité, ils ont fait naître en eux une assurance sur le futur grandiose de cet enfant. Dans l'ange et l'étoile, ils ont reconnu « la main de Dieu » et n'ont pas douté de l'identité de celui à la rencontre duquel ils sont allés, le Sauveur.

Plus tard, cette identité de Jésus ne manquera pas de poser question à tout son entourage, y compris à ses disciples.

Les noces de Cana

Encore un magnifique récit, très visuel, proposé par saint Jean :

Jn 2,1-10

> « *1 Et le troisième jour, il se fit des noces à Cana en Galilée ; et la mère de Jésus y était. 2 Jésus fut aussi convié aux noces avec ses disciples.*

3 Le vin étant venu à manquer, la mère de Jésus lui dit : "Ils n`ont plus de vin." 4 Jésus lui répondit : "Femme, qu`est-ce que cela pour moi et pour vous ? Mon heure n`est pas encore venue." 5 Sa mère dit aux serviteurs : "Faites tout ce qu`il vous dira."

6 Or, il y avait là six urnes de pierre destinées aux ablutions des Juifs et contenant chacune deux ou trois mesures. 7 Jésus leur dit : "Remplissez d`eau ces urnes." Et ils les remplirent jusqu`au haut. 8 Et il leur dit : "Puisez maintenant, et portez-en au maître du festin ; et ils en portèrent. 9 Dès que le maître du festin eut goûté l`eau changée en vin (il ne savait pas d`où venait ce vin, mais les serviteurs qui avaient puisé l`eau le savaient) ... il interpella l`époux et lui dit : 10 "Tout homme sert d`abord le bon vin, et après qu`on a bu abondamment, le moins bon ; mais toi, tu as gardé le bon jusqu`à ce moment." »

Un miracle, ou plutôt, si l'on suit saint Jean, un signe : ce qui exige une interprétation. Pour le maître du festin, rien de plus banal : il restait du bon vin que l'époux avait mis de côté. Mais pour les serviteurs, et Marie sans doute, le miracle est patent : l'eau, abondamment puisée, a été changée en vin.

Mais au-delà de cette interprétation du fait dans sa matérialité, se profilent d'autres interprétations, d'autres réalités : l'attention portée au mariage, sa dimension sacramentelle, la place de Marie au plan de l'intercession etc. Cette polyphonie interprétative ne peut se comprendre et s'exprimer que si l'on admet qu'au cœur de l'apparence, existe une réalité diversifiée que Jésus dévoile.

L'identité de Jésus

La « question identitaire » s'est posée, comme on vient de le voir, dès la naissance de Jésus, et elle s'est poursuivie tout au long de sa vie terrestre. Jusqu'à sa mort même de la part des brigands crucifiés à ses côtés (Lc 23,39-41), ou d'un centurion au pied de la croix (Mt 28,54).

Paradoxalement, les évangélistes témoignent que ceux qui ont très tôt percé Jésus à jour, autrement dit reconnu dans sa divinité au-delà des apparences purement humaines, furent les démons :

> « *Dans la synagogue il y avait un homme ayant un esprit de démon impur, et il cria d'une voix forte : "Ah ! que nous veux-tu, Jésus le*

Nazarénien ? Es-tu venu pour nous perdre ? Je sais qui tu es : le Saint de Dieu" » (Lc 4,33-34).

Cette prescience s'explique sans doute par le fait que les démons appartiennent par nature au monde de Dieu. En revanche, les disciples, et Pierre au premier chef, engoncés dans des représentations terrestres et toute faites du Messie, se sont longtemps mépris sur leur maître (Rabbi) et sa mission :

> « *En chemin Jésus posait à ses disciples cette question : "Qui suis-je, au dire des gens ?" Ils lui dirent : "Jean le Baptiste ; pour d'autres, Elie ; pour d'autres, un des prophètes" -- "Mais pour vous, leur demandait-il, qui suis-je ?" Pierre lui répond : "Tu es le Christ." Alors il leur enjoignit de ne parler de lui à personne.*
>
> *Et il commença de leur enseigner : "Le Fils de l'homme doit beaucoup souffrir, être rejeté par les anciens, les grands prêtres et les scribes, être tué et, après trois jours, ressusciter ; et c'est ouvertement qu'il disait ces choses. Pierre, le tirant à lui, se mit à le morigéner. Mais lui, se retournant et voyant ses disciples, admonesta Pierre et dit : "Passe derrière moi, Satan ! car tes pensées ne sont pas celles de Dieu, mais celles des hommes !"* » *(Mc 8,27-33).*

Cette difficulté d'identification persiste encore au lendemain de la Résurrection si l'on en croit le début des Actes des Apôtres et la question posée par les disciples à Jésus :

> « *Ils l'interrogeaient ainsi : "Seigneur, est-ce maintenant le temps où tu vas restaurer la royauté en Israël ?"* » (Ac 1,6)

Il faudra attendre le don de l'Esprit à la Pentecôte, autrement dit une forme essentielle de la lumière divine, pour qu'ils perçoivent la véritable identité de Jésus, alors même qu'elle aurait dû s'imposer avec la vision du corps glorieux du Ressuscité.

La veuve pauvre et la Samaritaine

Cette question identitaire ne concerne pas que Jésus lui-même : elle touche aussi d'autres personnes rencontrées au fil de la vie publique.

Dans la société de l'époque, et largement encore dans la nôtre, la veuve est une personne qui se trouve souvent en marge, en particulier au plan financier, surtout si l'époux disparu est à l'origine des revenus. Et alors qu'il se trouve aux abords du temple, Jésus

remarque l'attitude de l'une de ces veuves, qui en
outre est qualifiée de pauvre : à quels signes a-t-elle
été reconnue comme telle, cela ne nous est pas dit.
Voici le texte :

> « *S'étant assis face au Trésor, Jésus regardait la*
> *foule mettre de la petite monnaie dans le Trésor,*
> *et beaucoup de riches en mettaient*
> *abondamment. Survint une veuve pauvre qui y*
> *mit deux piécettes, soit un quart d'as. Alors il*
> *appela à lui ses disciples et leur dit : "En vérité,*
> *je vous le dis, cette veuve, qui est pauvre, a mis*
> *plus que tous ceux qui mettent dans le Trésor.*
> *Car tous ont mis de leur superflu, mais elle, de*
> *son indigence, a mis tout ce qu'elle possédait,*
> *tout ce qu'elle avait pour vivre* » (Mc 12,41-44).

L'absence de signes dont je viens de parler montre
déjà que Jésus voit plus loin que ceux qui l'entourent,
au-delà de ce qui paraît. Et cette constatation se
renforce lorsqu'il affirme que cette veuve « a mis tout
ce qu'elle possédait, tout ce qu'elle avait pour vivre. »
Cette femme devient un exemple sans que rien ne la
désigne a priori comme telle aux yeux de ceux qui la
voient.

Je passe à l'échange avec la Samaritaine,
soigneusement mis en scène par saint Jean dans son
évangile au chapitre 4, qui est tout aussi instructif.

La rencontre est apparemment fortuite, une femme qui vient puiser de l'eau. On ne connaît pas son nom, on sait simplement qu'elle est Samaritaine, mais ce n'est pas sans importance : elle n'est pas censée avoir contact avec un Juif, un homme de surcroît (cf. v. 9.27).

La conversation s'enclenche pourtant, sur une demande de Jésus : « donne-moi à boire ». Etrange demande, parce que l'on peut s'étonner que Jésus ne puise pas lui-même ! L'objection est levée au verset 11 : Jésus n'a rien pour puiser. Il reste que la demande semble bien tenir d'un prétexte pour entrer en relation.

Une relation qui se développe sous forme d'un échange verbal fonctionnant par approches ou superpositions progressives. A travers lesquelles Jésus dépasse le propos facile et attendu, auquel l'apparence voudrait que l'on s'arrête, pour aller plus au fond :

1. Dépassement des usages sociaux qui limitent les relations homme/femme et juifs/samaritains.
2. Dépassement d'une compréhension du thème de l'eau pour lui donner une valeur symbolique plus large.
3. Dépassement d'une vision restrictive de la Samaritaine comme « une femme à hommes ».

4. Dépassement du thème de l'élection restreinte au peuple juif.

L'institution de l'eucharistie

Selon nos évangiles, Jésus a rassemblé ses disciples un jeudi, la veille de sa mort, pour partager avec eux le traditionnel repas pascal[1]. Une tradition que Jésus transforme radicalement dans son interprétation : il ne s'agit plus tant de commémorer la sortie d'Egypte, mais d'inviter les disciples à renouveler ce repas en reconnaissant sous les espèces du pain et du vin son corps et son sang qui vont être livrés pour eux.

Dans la version de Matthieu (26,26-28), le récit est le suivant :

> « 26 Tandis qu'ils mangeaient, Jésus prit du pain, le bénit, le rompit et le donna aux disciples en disant : "Prenez, mangez, ceci est mon corps."

---

[1] Je néglige ici la controverse concernant le caractère pascal de ce repas, attesté par les évangiles de Matthieu, Marc et Luc, mais contraire à la tradition johannique.

27 Puis, prenant une coupe, il rendit grâces et la leur donna en disant : "Buvez-en tous ; 28 car ceci est mon sang, le sang de l'alliance, qui va être répandu pour une multitude en rémission des péchés." »

Il est facile d'imaginer ce qu'a pu être la stupéfaction des disciples, pour autant qu'ils aient été attentifs et aient compris dès ce moment-là la nouveauté de l'interprétation. En apparence, le pain est resté pain, le vin est resté vin, et c'est encore le cas de toutes les eucharisties célébrées depuis la première Cène.

Pour éclairer le propos de Jésus, la tradition catholique parle d'une « transsubstantiation » en reprenant à la philosophie aristotélicienne la distinction substance/accident. Sans entrer dans des détails trop techniques, disons que les « accidents » sont ce qui paraît : ils ne peuvent exister en dehors de la substance qui les porte. En revanche, la « substance » constitue l'essence d'une réalité.

La substance a donc changé, le pain est devenu corps du Christ, mais l'accident est le même, le pain reste du pain aux yeux de chair. Idem pour le vin. On est là vraiment au cœur de la nécessaire distinction entre paraître et être !

Un cas particulier, Judas

Pauvre Judas ! Il trahit Jésus, et nul, dans l'Eglise ou au-dehors, n'oubliera plus jamais ce nom : ne parle-t-on pas « d'un Judas » ? Certains en viennent à questionner le discernement de Jésus : comment a-t-il pu le compter au nom des disciples, et même des Douze apôtres ?

Mais l'équation Judas = traître n'est-elle pas un peu réductrice ? En fait, elle réduit Judas à son rôle final, en l'exagérant peut-être : comme s'il fallait absolument un traître qui absolve tous les autres apôtres et disciples. En vérité, à son arrivée à Jérusalem, Jésus pouvait être arrêté à tout moment sans qu'il y ait besoin d'un Judas.

Du coup, le rôle de Judas se trouve limité dans les évangiles à celui d'une figure emblématique de traître, et l'on oublie qu'il a accompagné Jésus pendant sa vie publique comme les autres apôtres, sans que rien ne soit dit à son sujet, sinon ce qu'atteste le verset 70 du chapitre 6 de saint Jean :

> *Jésus leur répondit : "N'est-ce pas moi qui vous ai choisis, vous, les Douze ? Et l'un d'entre vous est un démon."*

Mais voilà un verset qui pourrait bien être le fruit d'une compréhension après coup. Et l'on oublie en outre que Jésus a dû lui laver les pieds comme aux autres. Si bien que l'on peut se demander si, au moment de la Passion, Judas n'est pas aussi la part sombre de chacun de ceux qui entouraient Jésus et s'interrogeaient sur sa personne et sa mission ?

En résumé, je dirais qu'il faut prendre avec des pincettes le portrait de Judas auquel les évangiles le réduisent. Les apparences jouent contre lui, la réalité est sans doute plus complexe. Et l'on peut alors comprendre que Jésus l'ait choisi et lui soit en quelque sorte resté fidèle autant qu'il l'a pu.

Vie et mort de Jésus

A priori, Jésus a connu la vie de tout être humain sur notre terre, naissance, adolescence, vie d'adulte et mort. Et c'est d'ailleurs comme cela que la majorité de ses contemporains ont interprété son passage sur la terre. Un exemple parmi d'autres :

« Etant venu dans sa patrie, il les enseignait dans leur synagogue, si bien que, saisis d`étonnement, ils disaient : " D`où lui viennent

*cette science et ces miracles ? N`est-ce pas le fils
du charpentier ? Sa mère ne s`appelle-t-elle pas
Marie, et ses frères Jacques, Joseph, Simon et
Judas ? Et ses sœurs, ne sont-elles pas toutes
chez nous ? D`où lui vient donc tout cela ? "*

*Et il était pour eux une pierre d`achoppement.
Mais Jésus leur dit : " Un prophète n`est sans
honneur que dans sa patrie et dans sa maison. "
Et il ne fit pas là beaucoup de miracles à cause
de leur incrédulité. » (Mt 13,54-58)*

S'il ne fit pas là beaucoup de miracles, il en fit
ailleurs. Et sa parole n'a pas manqué de frapper les
foules, bien au-delà des disciples.

Mais la question préalable est celle de l'interprétation
de sa vie, et surtout de sa mort. Et sur ce point,
comment ne pas noter que l'évangéliste saint Jean
parle de signes (2,11.23 ; 3,2 ; 6,2.14.26.30 etc.) plus
que de miracles[1] ? Un signe ne se donne pas à
comprendre d'emblée, et c'est d'ailleurs pourquoi tous
les témoins ne le reconnaissent pas. Le signe renvoie à
un au-delà de lui, il demande de fait une
interprétation qui ne va pas de soi et qui peut être

---

[1] De manière surprenante, le chanoine Crampon dans sa traduction
ne semble pas faire de différences.

débattue : voici que resurgit la question de l'apparence et de la réalité.

Elle est encore plus marquée lorsqu'il s'agit d'interpréter la mort de Jésus. Dans les premiers temps de sa vie publique, si l'on en croit les évangiles synoptiques, Jésus est clairement apparu comme celui qui donne la vie autour de lui, dans sa parole et dans ses gestes, en particulier les miracles : il est alors très suivi. Mais il se rend compte que la réputation qu'on lui fait est ambiguë, qu'elle repose sur les fruits plus que sur les moyens, et qu'elle subvertit la mission de salut reçue du Père.

Jésus est alors obligé de « mettre les points sur les I », comme on dit familièrement. Pour cela, il annonce à plusieurs reprises, sous des formes diverses selon les évangiles mais comparables, sa Passion et sa mort sur la croix : Mt 16,21-23 ; 17,22-23 ; 20,17-19 ; Mc 8,31-33 ; 9,30-32 ; 10,32-34 ; Lc 9,22.44-45 ; 18,31-33. C'est ainsi et seulement ainsi que s'accomplira le salut attendu.

Bien sûr, ce mode de salut est paradoxal, et ne peut manquer d'interroger même les gens de bonne foi. Pierre en est un exemple et doit être remis en place par Jésus lorsqu'il manifeste son incompréhension. Mais celle-ci touche tous les disciples comme en témoignera leur absence au pied de la croix. Comme aussi la demande transmise par Luc, et pourtant faite après la résurrection : « *Seigneur, est-ce maintenant le temps où tu vas restaurer la royauté en Israël ?* » (Ac 1,6).

Si l'on s'en tient à son chemin d'humanité, il était « normal » que Jésus meure. Mais était-il normal que cela advienne à la trentaine, après un simulacre de procès, sur une croix, sans que Jésus se soit signalé par quelque brigandage à la différence des deux crucifiés qui l'entourent ? Et pour ceux qui l'ont entouré de plus près au cours de sa vie publique, comment comprendre que celui qui appelait Dieu son Père, qui s'était fait remarquer par tant de signes, qui se revendiquait finalement comme le Messie attendu, ait semblé délaissé de ce Père, pour connaître une mort aussi infâmante, réservée habituellement aux esclaves ? L'apparence ne pouvait manquer de jouer contre Jésus et ses prétentions. Et elle continue de le faire aujourd'hui encore dans notre monde.

Le mystère du tombeau vide

Lorsque les soldats ont constaté la mort de Jésus, les évangélistes nous disent que son corps fut descendu de la croix et déposé dans un tombeau qui n'avait jamais encore été utilisé. Ils ajoutent qu'une pierre fut roulée à l'entrée du tombeau pour en interdire l'accès.

Aussi, quand les femmes se rendirent au tombeau le premier jour de la semaine, afin d'oindre le corps, quelle n'est pas leur surprise de voir cette pierre roulée et le tombeau vide[1] ! Leur réaction première fut d'effroi et de tremblements, malgré ou à cause d'un personnage[2] vêtu de blanc qui tente de leur expliquer l'étrange disparition : quel que soit l'évangéliste et la manière dont chacun rapporte l'événement, l'explication est la même, à savoir « Jésus est ressuscité » (Mt 28,6 ; Mc 16,6 ; Lc 24,6).

Pour autant, il ne semble pas que les femmes aient immédiatement et profondément compris de quoi il retournait : si Matthieu le laisse penser, Marc nous dit qu'elles se sont tues, et Luc qu'il a fallu faire appel à la mémoire des paroles de Jésus. On comprend d'autant mieux leur trouble si l'on sait qu'à l'époque,

---

[1] Selon Mc 16 et Lc 24. Pour Matthieu, qui tient à souligner la dimension inimaginable de l'événement, celui-ci a une dimension spectaculaire et se déroule sous les yeux des femmes.

[2] Ils sont deux pour Luc qui pense peut-être à la nécessité d'une double attestation pour valider un témoignage.

54

la résurrection de la chair, puisque c'est bien de cela qu'il s'agit avec la disparition du corps, était une question disputée : si les Pharisiens en acceptaient l'idée, les Sadducéens la niaient. Et il faudra plus tard tout le talent et la persuasion de l'apôtre Paul pour convaincre les Corinthiens de l'accepter (1 Co 15).

D'ailleurs, d'après Matthieu, les « politiques » ont vite fait de fermer la porte à toute perspective de résurrection. Il faut en rester à ce qui peut être vu et qui est vraisemblable : pour eux, le corps a été dérobé à l'insu des gardes qui dormaient (Mt 28,11-15).

Une fois de plus, la question est bien celle de l'apparence et de la réalité. Mais ce qui est intéressant de noter ici, c'est la manière dont on dépasse la question, et dont « le voile est enlevé » : c'est la parole de Dieu dont se fait l'écho le jeune homme vêtu de blanc, ou bien dont les femmes sont invitées à faire mémoire. En fait, il faut parler de la parole de Jésus, car celle-ci est aussi parole de Dieu. Chez Luc, cela donne :

> *« 5 Pourquoi cherchez-vous le Vivant parmi les morts ? 6 Il n'est pas ici ; mais il est ressuscité. Rappelez-vous comment il vous a parlé, quand il était encore en Galilée : 7 Il faut, disait-il, que le Fils de l'homme soit livré aux mains des pécheurs, qu'il soit crucifié, et qu'il ressuscite le*

troisième jour." 8 Et elles se rappelèrent ses paroles. 9 A leur retour du tombeau, elles rapportèrent tout cela aux Onze et à tous les autres. »

Ce n'est qu'avec la Pentecôte, et le don de l'Esprit même de Jésus, que les disciples entreront vraiment dans la compréhension du mystère de cette mort.

Je vais maintenant laisser de côté les évangiles pour me tourner brièvement vers la lettre aux Hébreux en son chapitre 11 qui, comme on va le voir, donne une clé pour comprendre comment l'on passe du paraître à l'être.

Le chapitre 11 de la lettre aux Hébreux

Ce célèbre chapitre traite tout au long de la foi des ancêtres, autrement dit de grandes figures de l'Ancien Testament. Tout le monde y passe : Abel, Hénoch, Noé, Abraham, Sara, Isaac, Jacob etc. A priori, il ne s'agit donc pas de la foi en Jésus-Christ, mais en Dieu ; une foi comprise comme confiance dans la fidélité de Dieu qui meut chacun. Position qui est celle qui s'exprime dans le livre d'Habaquq :

« *Le juste vivra par sa foi (ou sa fidélité ?)* »
(2,4).

Si j'écris « a priori », c'est parce que l'auteur de la
lettre aux Hébreux souligne à plusieurs reprises
qu'au-delà de cette foi en Dieu, c'est déjà la foi en
Jésus mort et ressuscité qui se dessine :

> *« Dieu, pensait Abraham, est capable même de
> ressusciter les morts ; c'est pour cela qu'il
> recouvra son fils, et ce fut un symbole » (v. 19),*

ou encore

> *« Moïse estima comme une richesse supérieure
> aux trésors de l'Egypte l'opprobre du Christ »
> (v. 26).*

Il ressort donc déjà que les événements vécus par les
ancêtres avaient une portée bien plus large que ne le
manifestait leur apparence. Mais l'auteur ne se
contente pas de le signaler, il en donne au tout début
du chapitre la clé, cette foi en Dieu, ou au Christ, qui
permet de dépasser les apparences. En effet :

> *« 1 La foi est la garantie des biens que l'on
> espère, la preuve des réalités qu'on ne voit pas.
> 2 C'est elle qui a valu aux anciens un bon
> témoignage. 3 Par la foi, nous comprenons que
> les mondes ont été formés par une parole de*

*Dieu, de sorte que **ce que l'on voit provient de ce qui n'est pas apparent** ».*

Mais au fait, et il est temps d'y venir, la réalité n'est-elle pas plutôt l'apparence elle-même ? C'est en résumé ce que proposent quelques philosophes que je vais évoquer.

Une objection radicale ?

Vouloir retrouver une réalité profonde au cœur de tout ce qui se voit ou se lit est une dimension fondamentale de l'Ecriture sainte et donc de la pensée chrétienne. Mais on peut se demander s'il est justifié de rechercher un tel dépassement. Un long article paru dans le journal *Libération*[1], que je vais citer de manière large, pose la question avec beaucoup de radicalité.

« L'idée que « derrière » le monde des apparences il y ait quelque chose - un autre monde, une essence, une volonté divine... - est comme rivée au cœur de la culture occidentale. Si on remontait à Homère, on retrouverait pourtant une tradition, dite « superficielle », qui prend pour réel ce qui apparaît, sans chercher au-delà aucune autre signification, et

---

[1] 11 octobre 2017, « L'être ou le paraître, telle est la question », par Robert Maggiori.

fait donc coïncider le « sens de la poésie » avec « son expression littéraire, avec l'écriture même (transmise au départ par la parole) ». Mais une autre tradition s'est imposée, « issue des écritures dites saintes », qui « se veut profonde » parce qu'elle incite à chercher l'être ailleurs que dans le paraître, pose que tout sens est caché, donc sujet à interprétation. Dans l'optique « superficielle », réalité et apparence se confondent, ainsi que la forme et le contenu. Ainsi, « dans la peinture, le tableau est à la fois dessin et couleur : aucune primauté de l'image sur la matière qui la figure ; dans le cinéma, le film est à la fois montage et récit, sans privilège de l'un par rapport à l'autre ; dans la musique, dire et vouloir dire sont inséparables - ils constituent ensemble la phrase musicale - et offrent un sens qui fait un avec la beauté musicale ». Selon l'approche « profonde », il y a divorce entre l'expression et l'exprimé, le sens n'est jamais là, parce qu'il tient à une réalité que le paraître ne peut traduire : aussi faut-il toujours aller en quête de ce qu'il manque ou de ce qui lui manque : « Au monde il manque sa raison d'être, à l'art sa signification, à la vie, sa justification. »

Arrière-monde

« Quels sont les présupposés et les conséquences - notamment sur l'art, la politique et l'existence - de ces deux manières inconciliables de voir le monde ? C'est à

60

cette question que répond le philosophe mexicain
Santiago Espinosa - traducteur de Hume, de La
Boétie, de Cioran ou de Clément Rosset - dans le
Traité des apparences, où il prend le parti de
Balthasar Gracián : « Ce qui ne se perçoit pas n'existe
pas. » Au début, la réflexion paraît assez classique,
mais, mine de rien, Espinosa perce toutes les
dangereuses illusions auxquelles conduisent les
pensées qui, postulant un arrière-monde, aboutissent
à ce qu'on ferme les yeux sur le monde réel. (...)

Sur quoi se fonde en effet la politique, qui dit avoir
horreur des apparences, de l'artifice ? A l'être, elle
préfère le devoir-être, c'est-à-dire un certain idéal ; au
lieu de considérer les hommes en tant que tels – « se
réglant d'abord sur leurs passions » - elle en fait des
êtres « doués d'un savoir congénital quant à la nature
de la justice » ; elle feint d'ignorer que les individus
sont des « porteurs sempiternels de masques, à
identité indéterminée », et les voit en « détenteurs et
connaisseurs d'un "moi" profond et intime estimé
"libre et responsable" ». D'où son rapport privilégié à
la morale, dans la mesure où, de Platon à Rousseau,
de Kant à Rawls, elle privilégie « avant tout une
intention visant une certaine idée du bien (ou du
juste) », dit vouloir atteindre le bonheur plutôt que la
paix et méprise de ce fait « toute pensée d'un bien

efficace qui userait parfois de la ruse ou la simulation ».

Voilà une objection *a priori* radicale, dont les auteurs (le journaliste et ceux qu'il cite) expriment tout au long qu'elle met en cause l'Ecriture sainte et la tradition chrétienne. Par exemple le mystère de l'eucharistie qui postule qu'au-delà, ou au cœur, du pain et du vin transsubstantiés, le corps et le sang du Christ sont présents.

Ladite objection imagine une dichotomie radicale dans le discours chrétien entre le paraître et l'être, au point de négliger, voire d'ignorer, le paraître. Or, comme je l'ai souligné au début de cet ouvrage et à plusieurs reprises ensuite, cette dissociation n'existe pas dans la tradition biblique et donc chrétienne. Les théologiens chrétiens le diront à leur manière, à la suite de saint Thomas d'Aquin : « la grâce ne supprime pas la nature, elle la perfectionne » (*Somme Théologique*, 1 q. 1 a. 8 ad 2um).

L'être se dit dans le paraître, il n'est pas séparé ou au-delà de lui, il est totalement imbriqué en lui. Il est une autre manière de considérer ce paraître sans le minimiser et moins encore le dédaigner.

Cette compréhension est somme toute assez rassurante pour au moins deux raisons :

1. Elle justifie pleinement l'attention portée au long de l'histoire de l'Eglise à tous les marginaux, les malades, les handicapés etc.
2. Elle donne toute sa place à l'espérance, dont je vais maintenant reparler.

Au-delà des apparences ?

Les nombreux passages bibliques évoquées jusqu'ici l'ont montré à l'évidence : les apparences sont importantes, puisqu'elles portent la réalité, mais il importe de ne pas s'y arrêter. La réalité doit être cherchée au-delà, à travers elles, ou plutôt en leur cœur. Deux questions se posent :

1. Que peut apporter cette quête ?
2. Et avec quels moyens la mener ?

L'espérance au cœur des apparences

A s'en tenir aux apparences, celles que nous offrent certains être humains mais plus encore certains événements, ne serait-ce que la guerre en Ukraine comme aussi en de multiples autres lieux au moment où j'écris ces lignes, comment ne pas désespérer de notre humanité ?

Les psaumes regorgent de telles questions, souvent radicales :

*« Des cieux le Seigneur se penche vers les fils
d'Adam, pour voir s'il en est un de sensé, un qui
cherche Dieu. Tous ils sont dévoyés, ensemble
pervertis. Non, il n'est plus d'honnête homme, non,
plus un seul »* (Ps 14,2-3, repris en Rm 3).

Inutile d'y insister : à s'en tenir aux seules apparences,
le désespoir paraît s'imposer. Je viens d'écrire « paraît
s'imposer » et non pas « s'impose » parce que la
résurrection de Jésus nous propose une autre
perspective : elle ouvre le chemin de l'espérance.

Pour le chrétien, Jésus est ressuscité, vivant auprès du
Père : c'est pourquoi l'auteur de la lettre aux Hébreux
invitera ses lecteurs soumis à de fortes persécutions à
« saisir fortement l'espérance offerte » parce qu'en elle
« nous avons comme une ancre de notre âme, sûre autant
que solide, et pénétrant par-delà le voile » (He 6,19).

C'est elle dont s'est emparé « le bon larron », crucifié aux
côtés de Jésus, et confessant indirectement sa foi, avant
même que Jésus ne ressuscite (Lc 23,40-43). Faut-il le
souligner ? L'épisode du larron le montre et Jésus le
rappellera à plusieurs reprises à ses disciples : cette
espérance ne détermine pas un chemin facile, tout en
douceur, mais un chemin de croix.

*« Celui qui veut venir à ma suite, qu'il prenne sa
croix et qu'il me suive »* (Mt 16,24 // Lc 9,23-27)

Avec quels moyens ?

Ces moyens sont multiples, mais je vais en évoquer surtout deux, qui sont liés : la mémoire des paroles de Jésus, et l'accueil du Saint-Esprit.

La mémoire des paroles de Jésus

Selon Luc, cette mémoire commence dès l'arrivée au tombeau pour les femmes :

> « *Rappelez-vous comment il vous a parlé, quand il était encore en Galilée : Il faut, disait-il, que le Fils de l'homme soit livré aux mains des pécheurs, qu'il soit crucifié, et qu'il ressuscite le troisième jour." Et elles se rappelèrent ses paroles* ». *(Lc 24,6-8)*

Si les autres évangélistes ne rappellent pas ces propos, il reste que, de fait, on connaît plusieurs annonces de Jésus sur ce sujet de sa mort et de sa résurrection. L'un des plus connus et développé étant Mc 10,32-34 (cf. Mt 20,17-19 et Lc 18,31-33) :

« Prenant de nouveau les Douze avec lui, il se mit à leur dire ce qui allait lui arriver : "Voici que nous montons à Jérusalem, et le Fils de l'homme sera livré aux grands prêtres et aux scribes ; ils le condamneront à mort et le livreront aux païens, ils le bafoueront, cracheront sur lui, le flagelleront et le tueront, et après trois jours il ressuscitera." »

Quand Jésus rencontre sur la route les disciples d'Emmaüs et les entretient dans l'auberge, Luc rapporte les propos suivants :

« Ne fallait-il pas que le Christ endurât ces souffrances pour entrer dans sa gloire ?" Et, commençant par Moïse et parcourant tous les Prophètes, il leur interpréta dans toutes les Ecritures ce qui le concernait. » (Lc 24,26-27)

On a beaucoup discuté sur les Ecritures auxquelles Jésus a pu se référer, et qui seraient, sinon des évidences, au moins des suggestions. Le texte fondamental auquel on renvoie habituellement est représenté par ces Chants du Serviteur, surtout le quatrième comme on l'a vu plus haut. De fait, on en trouve plusieurs échos dans le Nouveau Testament, par exemple dans l'expression « mort pour nos péchés » (1 Co 15 ,3), dans l'évocation de l'attitude du Serviteur (Mt 12,16-20 qui reprend Is 42,1-4) ou encore dans l'expression de sa souffrance (1P 2,18-24 qui reprend Is 53).

Mais pour plusieurs commentateurs, ces références sont presque toutes tardives, et la perspective d'un Messie souffrant est très lointaine : la tradition juive lit plutôt dans les chants du Serviteur la situation de la communauté juive. Il faut bien reconnaître que les références sont étonnamment maigres alors qu'il s'agissait de dépasser une sorte d'aporie, la souffrance du Messie, et que ces chants apparaissaient tout désignés à cet effet. Ils manifesteraient ce que l'on appelle parfois une « souffrance vicaire », autrement dit une souffrance vécue à la place d'un autre. D'ailleurs, la première lettre de Pierre que je viens de mentionner n'évoque-t-elle pas quelque chose de ce genre :

> « *Lui dont la meurtrissure vous a guéris* » *(1 P 2,24)*

Encore faut-il s'entendre sur l'interprétation de ce verset : il me semble qu'il évoque la partie pour le tout. Au-delà de la meurtrissure elle-même, c'est toute l'obéissance dont témoigne cette meurtrissure qui sauve l'homme. En effet, la souffrance a toujours quelque chose d'intime, à laquelle on peut compatir, mais que l'on ne peut vivre vraiment à la place d'un autre au point de le soulager pleinement de son poids.

Jésus a vécu une souffrance propre, personnelle, insupportable pour d'autres que lui, incomparable. Mais alors, pourquoi cette souffrance, quelle réalité vise-t-elle ?

La particularité de la Passion de Jésus est qu'elle a touché un homme pur de tout péché, pur de toute connivence avec le mal. De sorte que ses souffrances et sa mort, partagées dans son humanité, librement acceptées et assumée, vécues dans l'obéissance à sa mission de salut, ont rouvert pour tout homme le vrai chemin du Paradis, égaré et perdu par la désobéissance initiale d'Adam. Jésus fait partie du monde des hommes. Ne pouvant donc échapper à la mort humaine, il en transfigure l'issue par son « impeccabilité » et son obéissance au Père : la nouvelle issue est la gloire retrouvée au ciel.

Prenant en particulier appui sur les chants du Serviteur, dont il fut question plus haut, les auteurs du Nouveau Testament ont présenté la mort de Jésus comme une nécessité destinée en quelque sorte à reprendre à l'envers le chemin suivi par Adam et Eve. La mort reste la mort, avec son apparence hideuse. Mais derrière elle, par-delà cette hideur, et dans une sombre transparence, se profile la lumière céleste : une fois de plus, l'être véritable se situe à la fois dans le paraître et au-delà de lui.

Le rôle du Saint-Esprit

Le recours à l'Ecriture sainte est une chose, mais il ne suffit pas : c'est l'Esprit qui va en ouvrir une compréhension plus profonde. L'apôtre Paul s'exprime clairement à ce sujet dans un passage que j'ai déjà évoqué au début de cet ouvrage :

> « 15 Aujourd'hui encore, quand on lit Moïse, un voile est étendu sur leurs cœurs ; 16 mais dès que leurs cœurs se seront tournés vers le Seigneur, le voile sera ôté. 17 Or le Seigneur, c'est l'esprit, et là où est l'esprit du Seigneur, là est la liberté. » (2 Co 3,15-17).

Cette faculté qu'a l'Esprit d'ouvrir le sens profond de l'Ecriture se retrouve aussi dans la lecture des événements. Quand Jésus voit ce que ses disciples eux-mêmes ne voient pas en face de la pauvre veuve, quand il relit l'Ecriture qui annonce sa Passion devant les disciples d'Emmaüs, il le fait grâce à son Esprit. L'esprit du Christ est un esprit de révélation, comme le dira par exemple saint Jean :

> « Celui qui a des oreilles, qu'il entende ce que l'Esprit dit aux Eglises. » (Ap 2,11)

L'espérance en chemin

Le Saint-Esprit est donc le véritable révélateur de l'Ecriture, dont il fait connaître le sens profond. Mais il est plus largement encore le révélateur de la signification profonde, autrement dit du réel, des événements qui se présentent devant nous. Non pas, redisons-le, que cette réalité se situe sur un tout autre plan que celui qui nous est donné à voir, mais parce qu'elle est cachée dans ce donné. Pour le dire avec des mots plus forts, parce qu'elle ne saute pas aux yeux.

Cette réalité est divine, elle nous est proposée par l'Esprit pour soutenir notre espérance et orienter notre vie. Je ne peux mieux faire que reprendre les mots de saint Paul :

> « *Nous annonçons ce que l'œil n'a pas vu, ce que l'oreille n'a pas entendu, ce qui n'est pas monté au cœur de l'homme, tout ce que Dieu a préparé pour ceux qui l'aiment. Car c'est à nous que Dieu l'a révélé par l'Esprit ; l'Esprit en effet sonde tout, jusqu'aux profondeurs de Dieu* ». (1 Co 2,9-10)

« Viens Esprit-Saint, et envoie du haut du ciel un rayon de ta lumière ! » (Hymne *Veni Sancte Spiritus*)

Table des matières